www.ingramcontent.com/pod-product-compliance
Lightning Source LLC
LaVergne TN
LVHW010424070526
838199LV00064B/5428
9789358721775

نظر کی حفاظت

(مضامین)

شفیق عمر شہزاد

© Shafiq Umar Shahzad

Nazar ki Hifazat (Essays)
by: Shafiq Umar Shahzad
Edition: April '2024
Publisher :
Taemeer Publications LLC (Michigan, USA / Hyderabad, India)

ISBN 978-93-5872-177-5

مصنف یا ناشر کی پیشگی اجازت کے بغیر اس کتاب کا کوئی بھی حصہ کسی بھی شکل میں بشمول ویب سائٹ پر اَپ لوڈنگ کے لیے استعمال نہ کیا جائے۔ نیز اس کتاب پر کسی بھی قسم کے تنازع کو نمٹانے کا اختیار صرف حیدرآباد (تلنگانہ) کی عدلیہ کو ہوگا۔

© شفیق عمر شہزاد

کتاب	:	**نظر کی حفاظت** (مضامین)
مصنف	:	**شفیق عمر شہزاد**
پروف ریڈنگ / تدوین	:	اعجاز عبید
صنف	:	غیر افسانوی نثر
ناشر	:	تعمیر پبلی کیشنز (حیدرآباد، انڈیا)
سالِ اشاعت	:	۲۰۲۴ء
صفحات	:	۲۶
سرورق ڈیزائن	:	تعمیر ویب ڈیزائن

وعظ: حفاظتِ نظر

یہ بیان زہد کے بارے میں شروع ہوا تھا لیکن جلد ہی حفاظت نظر کی طرف منتقل ہو گیا جس کی تفصیل یوم جمعہ کے اس بیان کے آخر میں اور اس کے بعد یوم الاحد کے بیان کے شروع میں ہے (مرتب)

الحمد للہ نحمدہٗ و نستعینہٗ و نستغفرہٗ و نومن بہٖ و نتوکل علیہ و نعوذ باللہ من شرور انفسنا و من سیات اعمالنا من یھدہ اللہ فلا مضل لہ و من یضللہ فلا ھادی لہ و نشھد ان لا الٰہ الا اللہ وحدہ لا شریک لہ و نشھد ان محمداً عبدہٗ ورسولہ صلی اللہ تعالیٰ علیہ و علیٰ اٰلہ وصحبہ اجمعین۔

امابعد فقد قال رسول اللہ صلی اللہ علیہ وسلم: الزھادۃ فی الدنیا لیست بتحریم الحلال ولا اضاعۃ المال ولکن الزھادۃ فی الدنیا ان تکون بما یدیک اوثق بما فی ید اللہ۔ رواہ ترمذی رحمۃ اللہ تعالیٰ۔

(تقریر از: مجلس بروز جمعہ بعد نماز عصر ۲۲ شعبان ۹۳ھ ۲۱ ستمبر ۱۹۷۳ء)

طالب دعاء

شفیق عمر شہزاد

زہد کی حقیقت اور اس کا طریق تحصیل

آج زہد سے متعلق دو چیزیں بتانا چاہتا ہوں۔ ایک تو یہ کو زہد کسے کہتے ہیں دوسری یہ کہ اسے حاصل کرنے کا طریقہ کیا ہے۔

زہد کسے کہتے ہیں ؟ زہد اس کو نہیں کہتے کہ کھانا پینا چھوڑ دے بلکہ زہد نام ہے طول الامل کو چھوڑنے کا (امل الف سے بمعنی آرزو)۔ یعنی بہت زیادہ آرزوؤں اور لمبی امیدوں کا چھوڑ دینا۔ زہد یہ نہیں کہ اچھے کپڑے پہننا وغیرہ چھوڑ دو بلکہ زہد ہی ہے کہ بہت زیادہ آرزو نہ رکھے جیسے شیخ چلی کا قصہ مشہور ہے کہ کسی کا گھی اٹھا کر لے جا رہا تھا سوچا کہ اس سے جو اجرت ملے گی اس سے انڈے خریدوں گا۔ ان کی تجارت کروں گا اس میں ترقی ہو گی تو پھر مرغیوں کی تجارت کروں گا اس سے ترقی ہو گی تو بکریوں کی تجارت کروں گا اس سے ترقی کر کے گائے بھینس کی تجارت کروں گا اس طرح خوب دولت جمع ہو جائے گی تو پھر شادی کروں گا اس سے بچے ہوں گے وہ پیسے مانگیں گے۔ تو سر کو جھٹکا دے کر کہوں گا کہ جاؤ۔ سر کو جھٹکا دینا تھا کہ گھی کا برتن گر گیا مالک نے کہا تم نے گھی کیوں گرا دیا؟ تو کہنے لگا میرا تو سارا کنبہ تباہ ہو گیا اور تم گھی کو روتے ہو۔ زیادہ آرزوؤں کا معاملہ ایسے ہی ہے۔

رسول اللہ صلی اللہ علیہ و آلہ وسلم نے ایک صحابی کی گردن پر ہاتھ رکھا اور فرمایا کہ یہ موت ہے اور پھر ہاتھ چھوڑ کر فرمایا کہ وہ انسان کی ہوس ہے۔ ایک شخص

کی عمر نوے سال سے زیادہ تھی اس نے تین سو سال کا ٹھیکہ لے لیا تو کسی نے لوگوں سے کہا کہ خوش رہو ملک الموت مر گئے کسی نے پوچھا وہ کیسے تو کہا کہ اگر وہ نہ مرے ہوتے تو یہ نوے سال کا بوڑھا مزید تین سو سال کا ٹھیکہ نہ لیتا۔

حدیث میں ہے کہ ایک صحابی رضی اللہ عنہ نے ایک مہینے تک ادھار کوئے چیز خریدی تو رسول اللہ صلی اللہ علیہ وسلم نے فرمایا کہ کیا تجھے معلوم ہے کہ ایک ماہ تک زندہ رہے گا۔ اپنی تو کیا آج کل تو اولاد تک کی سوچی جاتی ہے بلکہ قیامت تک جتنی اولاد ہوگی ان سب کی فکر ہے۔ ایک بزرگ نے فرمایا کہ اپنی اولاد کے لیے رزق کی زیادہ فکر نہ کیا کرو کیونکہ اگر وہ نیک نہیں ہیں تو تم ان کے لیے یہ سامان مہیا کر کے ان کی سرکشی میں مدد کی اور اگر وہ نیک ہیں تو:

﴿ومن یتق اللہ یجعل لہ مخرجا ویرزقہ من حیث لم یحتسب﴾ (۶۵۔۳،۲)

اور جو شخص اللہ سے ڈرتا ہے اللہ تعالیٰ اس کے لیے نجات کی شکل نکال دیتا ہے اور اسے ایسی جگہ سے رزق پہنچاتا ہے جہاں سے اسے گمان تک نہیں ہوتا۔

انہیں تمہاری کمائی کی ضرورت نہیں اللہ خود ہی انہیں رزق دے گا۔

حصول رزق کا وظیفہ

دار العلوم کراچی کے ایک منتہی طالبعلم نے آکر کہا کہ میں نے خواب دیکھا ہے کہ امام محمد رحمۃ اللہ تعالیٰ تشریف فرما ہیں اور ان کے سامنے ایک خوبصورت عورت بیٹھی ہوئی ہے جو کہہ رہی ہے کہ وہ ان کی بیوی ہے اور وہ خوشامد و تملق کر

رہی ہے کہ حضرت امام محمد رحمۃ اللہ تعالیٰ ذرا اس کی طرف ایک نظر دیکھ لیں مگر وہ نہیں دیکھ رہے۔ میں نے جواب میں کیا آپ معقولات زیادہ پڑھتے ہیں؟ انہوں نے کہا کہ جی ہاں میرے اسباق اکثر معقولات کے ہیں میں نے کیا دوسری بات یہ ہے کہ آپ کو مستقبل میں اپنی معاش کی زیادہ فکر ہے کہ رزق کہاں سے ملے گا؟ انہوں نے کہا کہ اس کی تو بہت زیادہ فکر ہے۔ میں نے کہا کہ امام محمد رحمۃ اللہ تعالیٰ کا علم پڑھیں بو علی سینا کا نہیں مام محمد رحمۃ اللہ تعالیٰ کا علم پڑھیں گے فکر رزق کی حاجت نہیں رہے گی۔ رسول اللہ صلی اللہ علیہ وسلم نے فرمایا: اتتہ الدنیا وھی راغمۃ: دنیا ناک رگڑتی ہوئی آئے گی اس کی کیوں اتنی فکر لگی ہے۔

نظر کا صحیح استعمال

اللہ تعالیٰ سے نظر ہٹا کر اس خسیس دنیا کی طرف اپنی نظر کو نہ ڈالیں یہ نظر نجس اور گندی ہو جائے گی۔ ایک بات بہت مشہور ہے واللہ اعلم کہاں تک صحیح ہے۔ کہتے ہیں کہ اگر پاخانے کی طرف دیکھا جائے تو آنکھوں میں گوہانجنی نکل آتی ہے ایسے ہی نجس دنیا کی طرف نظر ڈالنے سے یہی حالت ہو گی۔

نظر کا غلط استعمال

اپنی آنکھوں کی حفاظت کیجیے۔ آج کل بد نظری کا مرض عام ہے جہاں کوئی

عورت ملی وہیں اس پر نظر ڈال لی نہیں تو ٹیلی ویژن دیکھ لیا دیواروں پر لٹکی ہوئی تصاویر دیکھ کر دل بہلا لیا۔ کسی نے کہا یہ ٹیلی ویژن پر تصویر نہیں اس کا عکس ہے میں نے کہا کہ عورت کا عکس دیکھنا بھی ناجائز ہے بلکہ عکس کا دیکھنا بسا اوقات عورت کے دیکھنے سے بھی زیادہ خطرناک ہوتا ہے اور اس کی بہ نسبت بڑا گناہ ہے کیونکہ حقیقی عورت کو دیکھنے میں حوصلہ چاہیے کہ کہیں ناراض نہ ہو۔ لیکن عکس کے دیکھنے والے کو حوصلے کی بھی ضرورت نہیں اس میں تو انسان اور زیادہ مبتلا ہو سکتا ہے، کسی نے خوب کہا ہے

تری تصویر میں اک چیز تجھ سے بھی نرالی ہے
کہ جتنا چاہے چپکا لو نہ جھڑکی ہے نہ گالی ہے

یہ نظریں ہی خراب ہو گئی ہیں جیسے بھنگی کو پاخانہ نہ ملے تو پریشان ہو گا یہ آنکھیں پریشان پھرتی ہیں مگر جن کی نظر ایک محبوب پر ان کی حالت یہ ہوتی ہے

ہمہ شہر پر خوبان منم وخیال ماہے
چہ کنم کہ چشم یک بین نکند بہ کس نگاہے

دنیا کی حسیناؤں کی حقیقت

طشتری میں پاخانہ رکھ کر اوپر ریشمی رومال رکھا ہوا ہو تو دیکھنے والے کے منہ میں پانی بھر آئے گا ذرا اندر سے تو دیکھیں دنیا کی بہترین حسیناؤں کا یہی حال ہے کہ گندگی ہی گندگی ہے۔ معدہ میں نجاست مثانے میں نجاست رحم متعفن خون سے

بھرا ہوا ہے جسم میں کہیں بھی سوئی چھبوئی جائے تو نجس خون ابلنے لگتا ہے۔

ارے یہ کیا ظلم کر رہا ہے کہ مرنے والوں پہ مر رہا ہے

جو دم حسینوں کا بھر رہا ہے بلند ذوق نظر نہیں ہے

مجھے یہ شکایت ملتی ہے کہ نظریں اٹھتی رہتی ہیں تو مجھے افسوس ہوتا ہے کہ یہ کرگس کی نظریں کیوں بنتی ہیں؟ شاہین کی نظریں کیوں نہیں بنتی؟ یہ نظریں بہت گندی ہیں بہت خسیس ہیں۔

ایک بہت عجیب دعا

ایک دعاء کی اکثر توفیق ہو جاتی ہے کہ یا اللہ وطن کا شوق عطا فرما دے اور اپنا دیدار عطا فرما آنکھوں میں وہ سرما عطا فرما جو تیرے دیدار کے قابل بنا دے یہ دعا کرتے ہی حضرت موسیٰ علیہ السلام کی دعاء کی طرف ذہن چلا جاتا ہے۔ حضرت موسیٰ علیہ السلام نے کوہ طور پر جاکر درخواست کی اے محبوب اپنا دیدار کرا دے تو اللہ تعالیٰ نے فرمایا کہ تم ان آنکھوں سے مجھے نہیں دیکھ سکتے، بظاہر معلوم ہوتا ہے کہ جواب ہیں ختم ہو گیا مگر حقیقت یہ ہے کہ اس کے بعد اللہ تعالیٰ نے آنکھوں کو دیدار کے قابل بنانے کا ایک نسخہ بھی عطا فرمایا ہے۔

دیدار الٰہی کا نسخہ

فرمایا کہ کتاب کو لے جائیں اس پر خود بھی عمل کریں اور اپنی قوم کو بھی عمل کرنے کا حکم دیں تو آخرت میں دیکھنے کے قابل ہو جائیں گے۔ ایک مثال سمجھ لیں کوئی شوہر اندھا اپنی محبوب بیوی سے کہے مجھے تم سے بڑی محبت ہے تمہیں دیکھنے کو جی چاہتا ہے۔ میں دیدار کے لیے بے قرار ہوں اتنے میں کوئی طبیب آئے اور کہے کہ آؤ جس کو بینائی درست کرانا ہو میں علاج کرتا ہوں۔ اس وقت اگر بیوی کہے کہ اب اپنی آنکھیں بنوالو تو یہ وقت ہے شوہر کے امتحان کا اب اگر وہ سرمہ استعمال کرے یا آپریشن کروالے اور آنکھیں بنوالے تو اس کا دعوائے محبت صحیح ہے ورنہ وہ جھوٹا محب ہے ہم نے دعوا کیا ہے کہ ہم مسلمان ہیں اللہ کے دیدار کے عاشق ہیں جہاں ہمیں حکم ہو کہ یہ کتاب ہے اس کی ہدایت کے مطابق عمل کرو تو آخر کار ہمارا دیدار ہو جائے گا تو گویا یہ فرما دیا کہ یہ سرما ہے اسے لگا یا کرو بینائی درست ہو گی۔ اگر ہم عمل کریں تو سچے محب ہیں۔ یا اللہ ہم سب کو توفیق عطا فرما۔

نسخہ کا استعمال کیے بغیر محض دعاء بیکار ہے۔ دعاء کرے کہ آنکھیں درست ہوں مگر علاج نہ کرائے تو فائدہ نہ ہو گا کیونکہ اسباب ظاہرہ کو اختیار کرنا بھی لازمی ہے۔

تقویٰ کی گاڑی

تقویٰ کی گاڑی کے دو پہیے ہیں ہمت اور دعاء آگے ایک تیسری چیز اور ہے یعنی بھاپ یعنی رفتار اور دوام کے لیے بھاپ کی ضرورت ہے ورنہ گاڑی تھوڑی دیر چل

کر بند ہو جائے گی بھاپ ہے کسی اللہ والے سے تعلق رکھنا اگر کسی محبت والے کے ساتھ تعلق قائم کر لیا تو یہ پہیے اتنے تیز چلنے لگتے ہیں کہ ان کو روکنے کے لیے بریک لگانے کی ضرورت پڑتی ہے۔ جب یہ دعاء کرتا ہوں کہ یا اللہ اپنا دیدار عطا فرما اس کے ساتھ یہ فکر بھی ہوتی ہے کہ اس کے لیے ہمت چاہیے تو اس کے ساتھ یہ دعاء کرتا ہوں کہ یا اللہ ہمت عطا فرما یا اللہ ان آنکھوں کو بنانے کے لیے سرما عطا فرما یہی اس کا وقت ہے کہ ان کو محبوب کے دیدار کے قابل بنایا جائے مرنے کے بعد موقع نہ ملے گا۔

استعمال نظر آئینہ کا مظہر

جو نظریں بھٹکتی ہیں تو اتنی کم ہمت اور خسیس کیوں ہیں ؟ یہ نظر پڑتی ہے تو پاخانے پر ہی کیوں پڑتی ہے یہ چنبیلی اور گلاب کیوں نہیں دیکھتی ؟ انسان کے ذہن میں جو چیز بسی ہوئی ہوگی وہی چیز سامنے آئے گی۔ کسی نے کسی بھوکے سے پوچھا دو اور دو کتنے ہوتے ہیں اس نے کہا کہ چار روٹیاں۔ یہ نظریں گندگی کے ساتھ اتنی مانوس ہو گئی ہیں کہ بھنگی کی طرح صرف پاخانہ ہی کو دیکھتی ہیں۔ یہ اتنی خسیس کیوں ہو گئی ہیں۔ دعاء کیا کریں کہ یا اللہ اس خست نظر سے بچالے اور کوئی صورت سامنے آئے تو یوں کہا کریں

ناز ہے بلبل کو نزاکت پہ چمن میں اے ذوق
اس نے دیکھے ہی نہیں ناز نزاکت والے

دار العلوم کورنگی سے حضرت شیخ رحمۃ اللہ تعالیٰ کی خدمت میں آتے جاتے ہماری یہی کیفیت ہوتی تھی۔ بازار میں بن ٹھن کر نکلنے والیاں یہ سمجھتی ہوں گی کہ یہ لوگ ہماری طرف متوجہ ہوں گے اور یہ بھنگی ہمیں اٹھالیں گے اور اس بازار سے چل کر جب حضرت والا پر نظر پڑتی تو بے ساختہ پکار اٹھتے

ناز ہے بلبل کو نزاکت پے چمن میں اے ذوق
اس نے دیکھے ہی نہیں ناز و نزاکت والے
انہوں نے حسین دیکھے ہی نہیں اور ہم سمجھتے تھے کہ گویا
ہمیں دونوں تو حسن و عشق کی دنیا کے مالک ہیں
جو تو عرشی تو میں فرشی فلک تیرا زمیں میری

دار العلوم میں ختم بخاری کے موقع پر حضرت مفتی محمد شفیع صاحب رحمۃ اللہ تعالیٰ نے حضرت اقدس سے درخواست کی کہ طلبہ اور اساتذہ کا اشتیاق ہے کہ آپ تشریف لائیں۔ حضرت اقدس نے قبول فرما کر میری طرف اشارہ کر کے فرمایا کہ کھانا ان کے یہاں کھاؤں گا۔ الحمد للہ ان اکابر کا کیا احسان تھا اس کرم کو تو میں بیان نہیں کر سکتا اللہ تعالیٰ ان اکابر کے ساتھ ہمیشہ تعلق قائم رکھے۔ جب حضرت اقدس رحمۃ اللہ تعالیٰ کے ساتھ دار العلوم کی طرف چلے تو میری زبان پر بے ساختہ با آواز بلند یہ شعر جاری ہو گیا

تصور عرش پر ہے وقف سجدہ ہے جبیں میری
میرا اب پوچھنا کیا ہے زمیں میری فلک میرا
اپنی نظر کو خست سے بچائیں۔

یہ عالم عیش و عشرت کا یہ حالت کیف و مستی کی
بلند اپنا تخیل کر یہ سب باتیں ہیں پستی کی
جہاں دراصل ویرانہ ہے گو صورت ہے بستی کی
بس اتنی سی حقیقت ہے فریب خواب ہستی کی
کہ آنکھیں بند ہوں اور آدمی افسانہ بن جائے

اپنی نظر کو ادھر ادھر دوڑانا خست کی علامت ہے۔ بچپن میں ہم جس گھوڑے کو دیکھتے کہ ادھر ادھر منہ مارتا ہے تو سمجھ جاتے کہ یہ پٹواری کا ہے اگر یہ کوئی زمیندار کا ہوتا تو ادھر ادھر منہ نہ مارتا پھرتا۔ یہ حیوانوں کی حالت ہے۔ ذرا اپنی نظروں کو بھی دیکھ لیجیے یہ اتنی ذلیل کیوں ہو گئیں۔ اس پر تعجب ہوتا ہے کہ اتنی بلند نظری کیوں پیدا نہیں ہوتی۔

سب سے بڑا بے وقوف

ایک بات میرے ذہن میں اپنی نوعمری کے زمانے سے ہی آتی رہتی ہے وہ یہ کہ جن لوگوں میں بد نظری کا مرض ہے ان میں ذرا بھی عقل نہیں سوچنے کی بات ہے جس چیز کو حاصل کرنا اس کے اختیار میں نہیں اسے دیکھنے سے کیا فائدہ؟ فائدہ کی بجائے تکلیف بڑھے گی اگر یہ صورت ہو کہ جس عورت کی طرف دیکھے وہ فوراًا س کی طرف چلی آئے اور یہ اس سے اپنا مقصد حاصل کر لے تو کچھ فائدہ بھی ہو لیکن ایسا ہوتا نہیں۔ ایک مثال سے سمجھ لیں کہ کسی حلوائی نے اپنی دکان میں ہر قسم

کی مٹھائیاں سجا کر رکھی ہوئی ہیں۔ اگر کوئی شخص دور دور سے گھور کر انہیں دیکھنے لگے زبان سے رال ٹپکا رہا ہو چٹخارے لے رہا ہو تو اس سے کہا جائے گا کہ اگر خریدنے کی طاقت ہے تو خرید لو اور اگر خریدنے کی ہمت نہیں ہو رہی تو یہاں سے ہٹ جاؤ اس طرح دیکھ دیکھ کر رال ٹپکانے اور چٹخارے لینے سے کیا فائدہ؟ الٹا صحت کو نقصان پہنچے گا اور لوگ پاگل سمجھیں گے۔

اس طرح جن لوگوں میں بد نظری کا مرض ہوتا ہے وہ جب مردار صورتوں کو گھور گھور کر دیکھ رہے ہوتے ہیں تو مجھے ان کی حماقت پر بڑا تعجب ہوتا ہے کہ یہ لوگ مردار صورتوں کو دیکھ دیکھ کر رال ٹپکا رہے ہیں جس سے سرعت انزال جریان اور نامردی جیسے امراض پیدا ہوتے ہیں۔

ذرا بتائیے دنیا میں ان لوگوں سے زیادہ بے وقوف بھی کوئی ہو گا؟ صحت بھی برباد دل و دماغ بھی خراب اور حاصل کچھ نہیں ایسے لوگوں پر دنیا میں یہ عذاب آتا ہے کہ اللہ تعالیٰ ایسے نافرمانوں کو بیوی کی لذت سے محروم فرما دیتے ہیں جسے اللہ تعالیٰ نے قرآن کریم میں بار بار بہت بڑی نعمت بتایا ہے اس کی لذت سے محرومی دنیا کا عذاب ہے اور آخرت کا عذاب تو بہت بڑا ہے۔

آنکھوں کے قدرتی اسپرنگ

اللہ تعالیٰ نے آنکھ میں قدرتی قوت رکھی ہے کہ جب کبھی مضر چیز اس کے سامنے آتی ہے تو اس کو بند نہیں کرنا پڑتا بلکہ یہ از خود بند ہو جاتی ہے اس کا تجربہ یوں

ہوتا ہے کہ بالکل بے سمجھ چھوٹے بچے کو دیکھ لیں کہ اس کی آنکھ کی طرف ہاتھ یا اور کوئی چیز لے جائیں تو فوراً بند ہو جاتی ہے حالانکہ اتنے چھوٹے بچے کو آنکھ بند کرنے کی تمیز نہیں اس کا تقاضا یہ تھا جو چیزیں قلب کو نقصان دیتی ہیں محبوب حقیقی کو ناراض کرتی ہیں ان سے بھی آنکھ خود بخود بند ہو جاتی۔ یہ اللہ تعالیٰ کے کرم کے خلاف ہے کہ جو چیز جسم کے لیے مضر ہو اس سے بچنے کے لیے تو آنکھ میں پیدائشی طور پر خود کار اسپرنگ لگا دیے اور جو چیز روح کو نقصان پہنچائی ان سے بچنے کے لیے آنکھوں میں از خود بند ہونے کی استعداد نہ ہو۔ اللہ تعالیٰ نے آنکھوں میں یہ استعداد یقیناً رکھی ہے میں حلفیہ کہتا ہوں کیونکہ یہ حالت ہم پر گزر رہی ہے پلکیں از خود بند ہو جاتی ہیں مگر لوگوں نے ناجائز صورتوں کی طرف آنکھوں کو پھاڑ پھاڑ کر دیکھنے سے ان قدرتی اسپرنگوں کو ڈھیلا کر دیا ہے بلکہ توڑ دیا ہے پیدائشی اسپرنگ خراب ہو گئے ہیں ان کو دوبارہ ٹھیک کروالیں کسی مصلح باطن سے ان کا علاج کرائیں وہ جو طریقے بتائیں ان پر عمل کریں پھر دیکھیں کیسے روح کو نقصان دینے والی چیزوں سے آنکھیں از خود بند ہوتی ہیں۔

بیان تو میں کر رہا تھا زہد پر مگر مضمون کسی اور جانب مڑ گیا۔ بیان سے پہلے یہ دعاء ہوتی ہے کہ یا اللہ جو چیز اور جو بات زیادہ ضرورت کی ہو وہی مجھ سے کہلا دے شاید اس کی زیادہ ضرورت تھی وہی بات ہو گئی شاید اللہ کا کوئی نیک بندہ اخلاص لے کر آیا ہو جس کی وجہ سے یہ ضرورت کی بات کہلا دی گئی۔ انشا اللہ تعالیٰ آئندہ کسی وقت اگر ضرورت ہوئی تو زہد کے مضمون کو بھی بیان کر دیا جائے گا۔

اللہ تعالیٰ ہم سب کو وہ سرما عطاء فرمائیں جس کو لگا کر ہم ان کے دیدار کے

قابل ہو جائیں۔

(مجلس یوم الاحد بعد نماز عصر ۲۴ شعبان ۹۳ھ بمطابق ۲۳ ستمبر ۱۹۷۳ء)

الحمد للہ نحمدہٗ و نستعینہٗ و نستغفرہٗ و نومن بہٖ و نتوکل علیہ و نعوذ باللہ من شرور انفسنا و من سیات اعمالنا من یھدہ اللہ فلا مضل لہ و من یضللہ فلا ھادی لہ و نشھد ان لا الٰہ الا اللہ وحدہ لا شریک لہ و نشھد ان محمداً عبدہٗ و رسولہ صلی اللہ تعالیٰ علیہ و علیٰ اٰلہ و صحبہ اجمعین۔

اما بعد فاعوذ باللہ من الشیطٰن الرجیم۔ بسم اللہ الرحمن الرحیم

قل للمومنین یغضو من ابصارھم و یحفظوا فروجھم ذلک ازکی لھم ان اللہ خبیر بما یصنعون۔ و قل للمومنات یغضضن من ابصارھن و یحفظن فروجھن (الایہ ۲۴۔ ۳۰،۳۱)

مجلس خاص اور جلسہ عام میں فرق

گزشتہ مجلس میں میں نے اپنا معمول بتایا تھا کہ یہ دعاء ہو جاتی ہے کہ یا اللہ جو مضمون نافع ہو وہ کہلوا دے۔ بعض دفعہ یوں ہو جاتا ہے کہ کسی مضمون پر کچھ کہنے کا خیال ہوتا ہے مگر کوئی دوسرا مضمون شروع ہو جاتا ہے اخلاص کی دعاء بھی ہو جاتی ہے کہ یا اللہ ہمارے نفس کا اس میں شائبہ نہ ہو ہماری زبان ہمارا قلب اور ہمارا علم سب کچھ تیرے قبضہ مین ہے ان سے وہی کام لے جو تجھ کو پسند ہو چنانچہ گزشتہ مجلس میں بیان کی ابتدا تو زہد سے ہوئی لیکن اللہ تعالیٰ نے جلد ہی ذہن کا رخ حفاظت

نظر کی طرف فرما دیا اللہ تعالیٰ کے اس تصرف اور اس کی رحمت کا مشاہدہ بھی جلدی ہو گیا۔ حفاظت نظر کا بیان سن کر ایک شخص نے کہا کہ وہ چالیس برس سے اس مرض میں مبتلا تھا، اصلاح ہو گئی، انہوں نے ایک اور مفید بات کہی کہ آپ یہ دعا کرتے ہیں کہ یا اللہ وہی بات مجھ سے کہلا جس کی ضرورت ہو سننے والوں کو بھی یہ دعاء کرنی چاہیے کہ جو بات ہمارے لیے مفید ہو وہی بات کہلا میرا تو یہ معمول ہے ہی آپ بھی یہی دعاء کریں کہ یا اللہ تو خوب جانتا ہے کہ ہمارے اندر کیا کیا مرض ہیں ہمارے فائدے کی باتیں کہلا دے انہوں نے یہ کتنی اچھی بات کہی یہ قلب کی صلاحیت کی علامت ہے اور یہ صلاحیت اللہ والوں کی صحبت سے پیدا ہوتی ہے۔ یہی وجہ ہے کہ میں عام جلسوں میں وعظ نہیں کرتا لوگوں کے بلانے پر بھی میں نہیں جاتا، اس لیے کہ ان میں اصلاح کی فکر نہیں ہوتی بلکہ رونق کی مقصود ہوتی ہے لو گوں کی حاضری زیادہ ہو تو اس کو کامیابی کہا جاتا ہے اسی لیے مسلسل جلسوں میں شرکت کرنے والوں کو ہم نے دیکھا کہ ان کی اصلاح نہیں ہوتی، جلسے سے اٹھنے کے بعد ہر شخص دوسروں سے یہ کہتا ہے کہ دیکھو مولوی صاحب نے یہ کہا تھا کہ تم میں یہ مرض ہے دوسروں پر اعتراض کرتے ہیں اپنی اصلاح نہیں کرتے گویا ہر شخص یہ سوچ کر بیٹھتا ہے کہ اپنی اصلاح نہیں کریں گے بلکہ دوسروں کے عیب تلاش کریں گے۔ خاص مجلسوں میں یہ فائدہ ہوتا ہے کہ جو لوگ دور سے آتے ہیں وہ یہ فکر لے کر آتے ہیں کہ ہماری اصلاح ہو جائے خاص کر جب یہ دعاء کر کے آتے ہیں کہ یا اللہ ہمارے اندر جو مرض ہے وہی کہلا دے اس صورت میں تو اور بھی فائدہ ہو گا۔

نظر بد سے حفاظت

ہمارے گھر میں ایک خاتون آئیں ، گھر والوں کی معرفت ایک دعاء کی درخواست کی کہ ہمارے بچے جوان ہو رہے ہیں دعاء کریں کہ نظر بد سے محفوظ رہیں۔ میں نے مطلب سمجھا کی بچے محرمات پر نظر نہ ڈالیں، حفاظت دین کے لیے دعاء کرا رہیں ہیں، جب کبھی کوئی لکھتا ہے کہ ہمارے بچے امتحان دے رہیں ہیں ان کی کامیابی کے لیے دعاء کریں تو جواب میں لکھتا ہوں کہ اللہ تعالیٰ ان کو دنیا آخرت دونوں کے امتحان میں کامیاب فرمائیں۔ میں نے ان خاتون کی دعاء کا یہی مطلب سمجھا کہ وہ یہی دعاء کرا رہی ہیں کہ کسی حرام چیز کی طرف ان کی نظر نہ اٹھنے پائے، بعد میں خیال آیا کہاں کی جوانی پر کسی کی نظر نہ لگے، اس وقت یہ سبق ملا وہ یہ کہ جو نظر دنیوی صورت کے لیے مضر ہو اس سے بچنے کی تدبیر کی جاتی ہے، اس کیلئے تعویذ لیے جاتے ہیں، شبہ ہو تو عاملین کے پاس جاتے ہیں، ہزاروں ٹونے ٹوٹکے کئے کرائے جاتے ہیں۔ وہ نظر جس سے ظاہری رونق کا ضرر ہوتا ہے اس کی فکر تو ہوتی ہے مگر وہ نظر جو دل کو خراب کرتی ہے، جو آخرت کیلئے مضر ہے وہ نظر جو مالک کو ناراض کرے وہ نظر جو جنت سے محروم کر دے ،وہ نظر بد جس سے ہمیشہ کیلئے مصیبتیں جھیلنی پڑیں اس سے بچنے کا خیال کیوں نہیں کیا جاتا؟ ایسی نظر کیلئے کیوں دعاء نہ کرائی جائے؟

یہ جوانی کب تک

یہ جسم اگر رہ بھی گیا تو آخر کب تک؟ یہ جوانی رہ بھی گئی تو آخر کب تک؟ یہ حسن رہ بھی گیا تو آخر کب تک؟ حضرت مفتی محمد حسن رحمۃ اللہ تعالیٰ بار بار اپنی مجالس ارشاد میں فرمایا کرتے تھے: تابہ کے۔۔ آکر کب تک؟ جو چیز فانی ہے ختم ہو جانے والی ہے۔ اس کیلئے اتنی فکر کیا کسی کو یہ خیال ہے کہ یہ فانی چیز فنا نہ ہو گی، اس کیلئے اتنی فکر، کیا کسی کو یہ خیال ہے کہ یہ فانی چیز فنا نہ ہو گی، اس کیلئے یہ فکر کہ کوئی چیز اس کو فنا نہ کر دے اور ادھر فکر نہ ہو کہ ہماری یہ نظر ہم یں جہنم کا مستحق بنا رہی ہے، اللہ کو ناراض کر رہی ہے، اس کی فکر پیدا کیوں نہیں ہوتی؟ جس طریقے سے اس کی فکر ہوتی ہے کہ ہمارے ظاہر پر کوئی بد نظر اثر نہ کرے اسی طرح بلکہ اس سے بھی زیادہ اپنی نظر کے لئے احتیاط کریں کہ اس سے آخرت کا نقصان نہ ہو، یہ نظر کہیں دیدار محبوب سے محروم نہ کر دے۔

حفاظت نظر کا نسخہ

اب رہا یہ کہ اس بد نظری سے کیسے بچا جائے؟ اول یہ سمجھ لیں مسلمان کی نظر انتہائی معزز ہے مگر جب اس کو اللہ کی ناراضی پر استعمال کیا تو یہ ذلیل ہو گئی کیا غضب ہے ایسی معزز نظر کی اس قدر توہین؟ اس کی کتنی بے عزتی کر رہے ہیں، یہ ایک مسلمان کی نظر ہے اس کی عظمت کو پہچانا جائے اور اس کو بے وقعت نہ کیا جائے۔

صحبت اہل اللہ کی برکت

حفاظت نظر کا دوسرا نسخہ بلکہ تمام امراض کا اکسیر نسخہ ہے اہل اللہ کی صحبت۔ ایک وقت مجھ پر ایسا گرا ہے کہ مجھے مزنیات دنیا سے بہت نفرت تھی، حضرت شیخ رحمۃ اللہ تعالیٰ کے ساتھ کسی عمدہ عمارت میں جانا ہوتا تو مجھے ساز و سامان سے بہت نفرت ہوتی اور دل چاہتا کہ کسی جنگل میں بھاگ جاؤں مگر حضرت تشریف رکھتے تو بیٹھنا پڑتا، میں یہ سمجھتا کہ خامی ہے، دعاء کرتا کہ یا اللہ اس خامی کو دور فرما کر اس مقام پر پہنچا دے جس پر حضرت شیخ ہیں کہ گدھا گزرے یا انسان مجھے کچھ پتا ہی نہ چلے کہ کون ہے۔ اللہ تعالیٰ کا کرم ہے اور بزرگوں کی جوتیاں سیدھی کرنے کا صدقہ ہے کہ بہت جلدی وہ کیفیت حاصل ہوگئی اور وہ نفرت ختم ہوگئی، بازار میں خواہ کیسی مزین چیز نظر آجائے اس کی طرف نظر نہیں جاتی۔

لوگوں کی قسمیں

اس کی ایک مثال ذہن میں آئی کہ لوگوں کی تین قسمیں ہیں۔

اپہلی قسم

ایک وہ جو پاخانے سے مانوس ہیں ان کو کستوری اور عطر سے نفرت ہوتی ہے۔

حضرت رومیؒ نے لکھا ہے کہ ایک بھنگی عطار کی دوکان کے قریب سے گزرا اس کو عطر کی خوشبو آئی تو بے ہوش ہو گیا، طبیبوں نے علاج کی کوشش کی علاج نہ ہو سکا، اس کے بھائی کو علم ہوا اس نے ناک کے قریب پاخانہ کیا تو اس کو ہوش آ گیا۔

۲ دوسری قسم

دوسرے لوگ وہ ہیں جو ان پاخانوں سے کچھ کچھ تو مانوس ہیں مگر عقلی طور پر ان کو برا سمجھتے ہیں اور اس سے بچنے کی کوشش کرتے ہیں، اس پاخانہ کو اٹھاتے نہیں۔ یہ وہ لوگ ہیں جن کی نفسانی خواہشات ابھرتی ہیں مگر اللہ تعالیٰ کے عذاب سے بچنے کیلئے اپنے نفس کے تقاضے کو روکتے ہیں، ان لوگوں کے بہت بڑے فضائل ہیں، ان کیلئے اللہ تعالیٰ نے فرمایا ہے۔

﴿والذین جاھدو فینا لنھدینھم سبلنا﴾ (۳۰۔۶۹)

اور جو لوگ ہماری راہ میں مشقت برداشت کرتے ہیں ہم ان کو اپنے رستے ضرور دکھائیں گے۔

فرمایا کہ ان کو ہم بچا لیتے ہیں جذبات کے روکنے کی یہ مشقت اور مجاہدہ ہمیشہ نہیں رہتا بلکہ چند روزہ جہد کن باقی بخند

کسی بزرگ نے یہاں تک کہا ہے کہ کسی گناہ کا تقاضا ہونے پر اگر فوراً ایک جھٹکے کے ساتھ قلب سے باہر اس تقاضے کو پھینک دو تو اللہ رحیم و کریم ہے وہ اپنے بندوں کو دوبارہ اس تکلیف میں مبتلا نہیں فرماتے، دوبارہ تقاضہ نہ ہو گا۔

۳ تیسری قسم

تیسری قسم ان لوگوں کی ہو جن کو محرمات سے نفرت ہے اور بچنا بھی چاہتے ہیں۔ ایک اور چوتھی قسم ہے جن کے دماغ میں اتنی خوشبو بسی ہوئی ہے کہ ان کے قرب و جوار میں اگر بدبو دار چیزوں کے ڈھیر ہوں تو بھی انہیں اس کی بدبو نہیں آتی۔

یہ درجہ اللہ پاک عطا فرمائیں، نجاست کے ڈھیر لگے رہیں مرداروں ہر گدھ منڈلاتے رہیں مگر یا اللہ ہمیں اپنی طرف اتنے متوجہ فرمالے کہ ہمیں اس کا احساس ہی نہ ہو کہ کیا ہو رہا ہے۔

یا اللہ ہمیں اپنا بنالے اور خود ہمارا بن جا

جو ہنس رہا وہ ہنستا جائے

جو رو رہا ہے وہ روتا جائے

بصدق دل تو خدا خدا کر

جو ہو رہا ہے وہ ہوتا جائے

ایک شخص نے مجھ سے شکایت کی کہ کراچی میں بد معاشی کے اڈے بہت ہیں، میں نے کہا کہ اپنی اصلاح کریں، معلوم ہوتا ہے کہ آپ کے اندر بھی کچھ روگ ہے اس لیے کہ اگر کسی باغ میں کوئی بھنگی جائے تو وہاں بھی پاخانے ہی کی تلاش کرتا ہے کہ یہاں کے پاخانے کس رنگ کے ہیں، یہاں بھنگی کی نوکری مل جائے وہ اسی فکر

میں رہے گا۔ اور اگر شاہی دماغ ہو گا تو پھولوں کو ڈھونڈے گا کہ چنبیلی کہاں ہے اور گلاب کہاں۔

صبح کے وقت ہم چاروں طرف سے لاؤڈ سپیکر پر اذانوں کی آواز سنتے ہیں جب مؤذن اللہ اکبر کہتا ہے تو معلوم ہوتا ہے سب نجاستیں دھل گئیں اور پوری فضا معطر ہو گئی ہے۔ میرا تو اکثر یہ معمول ہے کہ صبح کے وقت ذرا باہر نکل کر اذانیں سن کر اللہ کی کبریائی کو سوچتا ہوں یہ اس لیے ذکر کر رہا ہوں کہ آپ بھی معمول رکھیں، اس طرف تو ذہن جاتا ہی نہیں کہ یہاں کتنے دینی مدارس ہیں، کتنے حفظ و ناظرہ کے مکاتب ہیں، کتنی مساجد ہیں کتنے اللہ والے ہیں ان خیر کی مجالس کو چھوڑ کر نظر بد معاشی کے اڈوں کی طرف کیوں کی جاتی ہے۔ معلوم ہوتا ہے کہ اپنی طبعیت مین بد معاشی ہے تاجر کی نظر تاجر پر ہوتی ہے کاشتکار کی نظر کاشتکار پر ہوتی ہے۔ اس نظر کو صرف اپنے محبوب حقیقی کیلئے خاص کیجئے اور باقی چیزوں کیلئے یہ کہئے۔

دور باش افکار باطل دور باش اغیار دل

سج رہا ہے ماہ خوباں کیلئے دربار دل

فکر آخرت عصائے موسوی

حضرت حکیم الامۃؒ فرمایا کرتے تھے کہ فکر آخرت عصائے موسوی ہے جو دنیا بھر کے افکار کو سانس میں میں نگل جاتی ہے، آخرت کی فکر پیدا کریں تو دنیاوی افکار خود بخود ختم ہو جائیں گے، یہ کہا کریں کہ اس قلب میں دنیاوی باطل افکار کے لیے

کوئی جگہ نہیں، یہ قلب تو صرف اس ذات اقدس کیلئے ہے اور کسی کیلئے اس میں جگہ ہے ہی نہیں۔

ایک بزرگ کی حکایت

ایک بزرگ کا قصہ ہے کہ وہ جنگل میں کسی جھونپڑی میں رہا کرتے تھے دریا مین طغیانی آئی ہوئی تھی، ایک شخص کو کسی ضروری کام کیلئے دوسری طرف جانا تھا اس سے کسی نے کہا کہ اس جھونپڑی والے سے کہو تمہیں پار کرادے گا اس نے آ کر کہا تو انہوں نے اولاً تو ٹال دیا لیکن بعد میں کہا کہ دریا سے کہو کہ وہ شخص جس نے نہ کبھی کچھ کھایا پیا اور نہ ہی کبھی بیوی کے قریب گیا وہ کہتا ہے کہ مجھے راستہ دے دو، وہ شخص چلا گیا تو اس کی بیوی کہنے لگی کہ آپ نے جو یہ بتایا کہ کچھ کھایا پیا نہیں یہ تو آپ جانیں مگر یہ کہ بیوی کے پاس بھی نہیں گیا اس کا اثر مجھ پر پڑتا ہے کہ یہ بچے کہاں سے آئے؟

انہوں نے پہلے ٹال دیا مگر بیوی کے اصرار پر فرمایا کہ یہ سب کچھ اپنی ذات کے لئے نہیں کرتا بلکہ اللہ تعالیٰ کے حکم کی تعمیل میں کرتا ہوں۔ بس وہی بات ہے کہ۔

دور باش افکار باطل اغیار دل
سج رہا ہے ماہ خوباں کے لئے دربار دل

اللہ تعالیٰ ہمارے دلوں کو ہر قسم کے افکار باطلہ سے پاک فرما کر اپنی محبت سے منور فرمادیں۔

وصل اللّٰھم وبارک وسلم علی عبدک ورسولک محمد وعلی اٰلہ وصحبہ اجمعین

والحمدللہ رب العٰلمین

***